BWRLWM

DRINGO

Frances Ridley

Addasiad Lynwen Rees Jones

PRIFYSGOL
ABERYSTWYTH

Cyhoeddwyd dan nawdd
Cynllun Adnoddau Addysgu a Dysgu CBAC

Y fersiwn Saesneg:
Download: Rock Climbing

Rising Stars UK Ltd, 22 Grafton Street, Llundain W1S 4EX
Cyhoeddwyd 2006
Testun © Rising Stars UK Ltd.
Ymgynghorwyr technegol: Richard Sharp a Lisa Parker

Y fersiwn Cymraeg hwn:
© Prifysgol Aberystwyth, 2010 ℗

Cyhoeddwyd gan CAA, Prifysgol Aberystwyth,
Plas Gogerddan, Aberystwyth, SY23 3EB
(www.caa.aber.ac.uk).

Noddwyd gan Lywodraeth Cynulliad Cymru.

Cyhoeddwyd dan nawdd Cynllun Adnoddau Addysgu a
Dysgu CBAC.

Cyfieithydd/Golygydd: Lynwen Rees Jones
Dylunydd: Richard Huw Pritchard
Argraffwyr: Argraffwyr Cambria

Diolch i Eirian Jones ac Angharad Walpole am eu cymorth
wrth brawfddarllen.

Diolch hefyd i Ruth Davies, Siân Powys a Meinir Rees am
eu harweiniad gwerthfawr.

Darluniau: Bill Greenhead
Ffotograffau: Alamy: tt 7, 14, 15, 16, 17, 18, 19, 21, 22,
23, 30, 31, 34, 35, 40, 41, 42, 43, 46; Buzz Pictures: tt 4,
6, 7, 8, 9, 10, 11, 12, 13, 15, 20, 22, 24, 25.

Ymchwil ffotograffau gan Zooid Pictures Ltd.

ISBN: 978-1-84521-355-8

Cynnwys

Dringo

Mae dringwyr yn gwneud llawer o bethau gwahanol.

Maen nhw'n dringo clogwyni mawr a chreigiau bach.

Maen nhw'n dringo tu allan ac o dan do.

Mae dringwyr yn mwynhau'r cyffro a bod yn rhydd.

Cit dringo

Sialc dringwr

Bag sialc

Esgidiau dringo

Mae'r dringwr yma yn gwisgo esgidiau dringo. Mae'r glud ar y gwadnau yn helpu ei thraed i afael yn y graig.

Mae hi'n cadw sialc dringwr yn y bag sialc. Mae'r sialc yn helpu ei dwylo i afael yn y graig.

Mae angen rhaffau ac **offer** ar gyfer dringfeydd hir.

Rhaffau

Offer

Ffaith!

Mae llawer o ddringwyr yn gwisgo helmed.

Ymylon bach sy ar helmed ddringo er mwyn i'r dringwr allu edrych i fyny.

Dechrau dringo

Dos ar gwrs dringo.

- Dysga sut i ddringo.

- Benthyca git dringo.

- Wyt ti'n hoffi dringo tybed?

Tip dringo!

Mae rhai cyrsiau dan do a rhai yn yr awyr iach.

O ddifrif

Ymuna â chlwb dringo.

- Pryna git dringo.

- Dos at wal ddringo.

- Dos ar deithiau dringo.

- Dringa o hyd ac o hyd!

Tip Dringo!

Rwyt ti'n gallu prynu cit ail law.

Dan do neu tu allan?

Mae waliau dringo yn lle da i ddechrau dringo.

Mae waliau dringo yn serth ond mae'n hawdd dod o hyd i'r **mannau gafael**.

Mae'n hawdd defnyddio'r mannau gafael. Rwyt ti'n dringo mewn trefn arbennig.

10

Dringo tu allan

Mae angen cydbwysedd da
i ddringo tu allan.

Mae ochr creigiau yn serth ond rhaid i ti ddod o hyd i dy **fannau gafael** dy hun.

Weithiau mae'n anodd dod o hyd i fannau gafael da.

Tips i ddechreuwyr

1. Aros yn agos at wyneb y graig neu'r wal.

2. Symud un goes neu fraich ar y tro.

3. Gwthio i fyny gyda'r coesau – peidio â thynnu i fyny gyda'r breichiau.

4. Cymryd seibiant yn aml.

- Dal gafael gyda'r dwylo.

- Sythu'r breichiau.

- Pwyso'n ôl.

Tip Dringo!

Peidio â phwyso'n rhy bell! Mae'n anodd tynnu'n ôl wedyn.

5. Meddwl ymlaen:

- Meddwl ble i fynd nesaf.

- Gosod y traed a'r dwylo er mwyn symud ymlaen yn hawdd.

Defnyddio'r dwylo a'r traed

Dwylo

Defnyddio'r dwylo i afael yn y graig.

Tip Dringo!
Defnyddio sialc i helpu i afael.

Cloi'r dwylo mewn craciau cul. Mae hyn yn brifo – ond efallai mai dyma'r unig ffordd i fynd i fyny!

Cloi dwylo ydy'r enw ar hyn.

Tip Dringo!
Rhoi tâp ar y bysedd a'r dwylo.

14

Traed

Defnyddio ymylon y traed.

Ymylu ydy'r enw ar hyn.

Defnyddio bysedd y traed.

Defnyddio gwadnau'r traed.

Rhwbio ydy'r enw ar hyn.

Rwyt ti'n gallu defnyddio dy sodlau.

Bowldro

Mae **bowldro** yn ffordd dda i ddechrau dringo.

Rwyt ti'n dringo ychydig bach ac mae **mat glanio** rhag ofn i ti gwympo.

Does dim rhaff ddiogelwch.

Rwyt ti'n gallu cael gwyliwr. Mae'r gwyliwr yn dy helpu i lanio ar y mat os wyt ti'n cwympo.

Mat glanio

Gwyliwr

Dydy bowldro ddim yn ddrud iawn.

Does dim angen llawer o git a dydy e ddim mor beryglus â mathau eraill o ddringo.

Tip Dringo!

Mae yna gystadlaethau bowldro. Mae'r rhan fwyaf yn digwydd dan do.

Dringo gyda rhaffau

Cadw'n ddiogel

Rhaffau

Mae dringwyr yn defnyddio'r pethau hyn
i gadw'n ddiogel.

Cadw'n ddiogel

Mae dwy ffordd o gadw'n ddiogel wrth ddringo.

Defnyddio bollt sydd yn y graig yn barod

Mae dringwyr sbort yn dringo fel hyn.

Diogelwch

Mae bollt yn y graig yn barod.

Does dim angen i'r dringwr roi bollt i mewn.

Dringo trwy osod bollt

Mae dringwyr trad yn dringo fel hyn.

Fel arfer, does dim bolltau yn y graig yn barod.

Mae'r dringwyr yn gosod y bolltau ac yna'n eu tynnu allan eto.

Diogelwch

Dringo rhydd

Dydy dringwyr rhydd ddim yn defnyddio llawer o offer i'w helpu i ddringo. Ond maen nhw'n gwneud yn siŵr eu bod yn cadw'n ddiogel.

Mae dau brif fath o ddringo rhydd – dringo trad a dringo sbort.

Rwyt ti'n gwneud y ddau gyda phartner.

Mae un ohonoch chi'n arweinydd a'r llall ydy'r ail ddringwr.

Mae dringwyr trad yn gosod bolltau yn y graig.

Yr arweinydd sy'n gosod y bollt.

Mae'r ail ddringwr yn ei dynnu allan eto.

Arweinydd

Ail ddringwr

Mae dringwyr sbort yn defnyddio bolltau sydd yn y graig yn barod.

Dydy'r bolltau ddim yn cael eu tynnu allan.

Y belai

Mae'r arweinydd a'r ail ddringwr wedi eu clymu at ei gilydd gyda rhaff.

Maen nhw'n dringo ac yn rheoli'r **belai** bob yn ail.

Mae'r un sy'n rheoli'r belai yn cadw'r dringwr arall yn ddiogel.

Mae'r arweinydd yn rheoli'r belai o'r top.

Dyfais felai

Mae'r rhaff wedi ei chlymu drwy ddyfais felai'r partner. Mae dyfais felai yn debyg i frêc.

Mae'r un sy'n rheoli'r belai yn cadw pen y rhaff o dan y ddyfais felai.

Mae'r ddyfais felai yn **cloi** os ydy'r dringwr yn cwympo. Mae hyn yn ei stopio rhag cwympo ymhellach.

Mae'r ail ddringwr yn rheoli'r belai o'r gwaelod

Arweinydd

Ail ddringwr

Dringfeydd sawl rhan

Mae wynebau creigiau wedi eu rhannu'n sawl rhan. Yr enw ar bob rhan ydy **dringen**. Mae dringen mor hir â'r rhaff ddringo.

Rwyt ti'n gallu cael dringfeydd un rhan a dringfeydd sawl rhan.

Dyma sut mae dringwyr traddodiadol yn dringo mwy nag un ddringen.

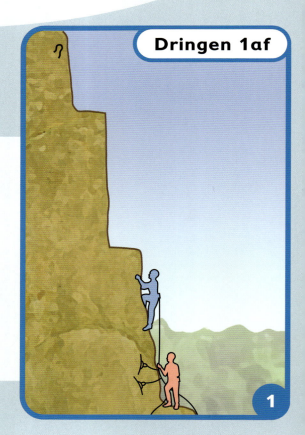

Dringen 1af

1) Mae'r arweinydd yn dringo'r ddringen gyntaf.

2) Mae'r ail ddringwr yn rheoli'r belai.

3) Mae'r arweinydd yn aros ar silff.

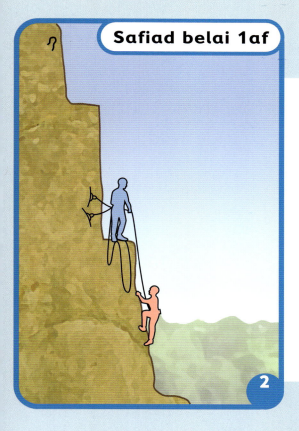

Safiad belai 1af

1. Mae'r arweinydd yn dringo'r ddringen nesaf.

2. Mae'r ail ddringwr yn rheoli'r belai.

3. Mae'r arweinydd yn gosod bollt wrth iddo ddringo.

4. Mae'r arweinydd yn aros ar silff.

2

2il ddringen a safiad belai

1. Mae'r ail ddringwr yn dringo i fyny.

2. Mae'r arweinydd yn rheoli'r belai.

3. Mae'r ail ddringwr yn tynnu'r bollt allan wrth iddo ddringo.

3

Bwlch y Bleiddiaid (Rhan un)

Roedd hi'n ddiwrnod braf ac roeddwn i'n dringo gyda Dad.

Dechreuodd pethau'n dda.

Roeddwn i'n arwain am y tro cyntaf felly gosodais lawer o folltau.

Roedd hyn yn ddiogel ond roedd hefyd yn araf.

Arhoson ni i gael seibiant.

"Sut mae pethau'n mynd?" gofynnais.

"Dwi'n meddwl ein bod ni'n iawn, Nic," meddai Dad.

Ond roedd hi'n mynd yn hwyr.

Cymerodd dipyn o amser i ni gyrraedd y top. Pan edrychon ni i lawr roedd popeth yn fach ac yn bell i ffwrdd.

"Mae'n grêt!" dywedais wrth Dad.

Nodiodd Dad.

"Ydy, " meddai. "Ond allwn ni ddim eistedd fan hyn yn edrych. Rhaid i ni fynd yn ôl i lawr cyn iddi dywyllu."

Dangosodd Dad y map i mi.

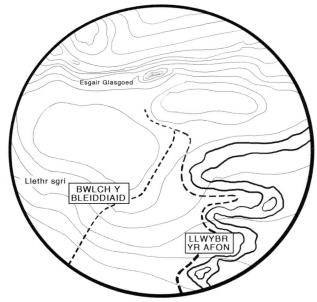

"Llwybr yr Afon ydy'r ffordd fwyaf diogel i fynd lawr. Ond dwi'n meddwl y gallwn ni fentro ar hyd Bwlch y Bleiddiaid – fe fydd yn gyflymach."

Parhad ar dudalen 32

Dod i lawr

Rwyt ti wedi dringo i ben y graig.

Nawr rhaid i ti ddod yn ôl i lawr!

Mae dringwyr yn hoffi dod i lawr y ffordd hawdd.

Cerdded

Cerdded i lawr llwybr hawdd.

Dringo i lawr

Dringo i lawr ffordd hawdd.

Rhybudd!

Rhaid gosod pen y rhaff yn gadarn.

Rhaid i'r rhaff fod mor hir â'r cwymp.

Llithro i lawr rhaff.

Bwlch y Bleiddiaid (Rhan dau)

Cychwynnon ni i lawr.

"O ble ddaeth yr enw Bwlch y Bleiddiaid?" gofynnais.

"Roedd bleiddiaid yma ers talwm," atebodd Dad. "Ond does dim ar ôl erbyn hyn."

Roedd y llwybr yn anodd. Cyrhaeddon ni **lethr sgri**. Roeddwn i'n mynd yn rhy gyflym a llithrodd fy nhroed.

Ceisiais stopio fy hun ...

... ond llithrais i lawr yn gyflymach ac yn gyflymach.

Teimlais fy hun yn cwympo, ac yna chwalodd fy nghoes ar y creigiau.

Aeth popeth yn ddu.

Roedd Dad efo fi pan wnes i ddeffro.

"Rwyt ti wedi torri dy goes," meddai Dad.

Gwnaeth ychydig o gymorth cyntaf. Yna ceisiodd ffonio ar ei ffôn symudol ond doedd dim signal.

"Rhaid i fi fynd i chwilio am help," meddai. "Bydd rhaid i fi dy adael di fan hyn."

Nodiais a rhoddodd Dad flanced drostaf. Yna aeth i lawr y bryn tywyll. Roeddwn i ar fy mhen fy hun.

Parhad ar dudalen 36

Dringo mwy diogel

Mae dringwyr yn gallu brifo.

Maen nhw'n gallu gwneud drwg i greigiau maen nhw'n eu dringo hefyd.

Dilyna'r tipiau hyn er mwyn dringo'n fwy diogel.

Gofala amdanat dy hun!

Dos â chit cymorth cyntaf a map.

Dos â dŵr, bwyd a blanced.

Dewisa ddringfa sydd ddim yn rhy anodd i ti.

Edrycha ar fwletin y tywydd.

Cit cymorth cyntaf

Cymer ofal o'r creigiau!

Paid â dringo yn agos at adar sy'n nythu.

Paid â thynnu planhigion.

Paid â gollwng sbwriel na marcio'r creigiau.

Mae hofrennydd yn helpu'r dringwr yma.

Bwlch y Bleiddiaid (Rhan tri)

Aeth yr awyr yn dywyllach. Roedd fy nghoes yn brifo ac roedd hi'n oer iawn.

"Gobeithio y bydd Dad yn ôl cyn hir," meddyliais.

Yna clywais sŵn udo.

Curodd fy nghalon fel drwm.

Roedd siâp du o mlaen i. Gwelais lygaid coch. Teimlais anadl poeth.

Blaidd oedd yno. Blaidd enfawr.

Gorweddais yn llonydd fel craig.

Synhwyrodd y blaidd fi. Roedd arna i ofn. Oedd e'n mynd i ymosod arna i?

Ond wnaeth y blaidd ddim ymosod. Gorweddodd wrth fy ymyl. Roedd ei gorff yn gynnes a doeddwn i ddim yn teimlo'n ofnus nac yn oer. Roedd y boen yn fy nghoes yn well. Syrthiais i gysgu.

Parhad ar y dudalen nesaf

Cefais fy neffro gan sŵn yr hofrennydd.

Chwiliais am y blaidd ond roedd e wedi mynd.

Rhedodd Dad ataf fi. Roedd meddyg gydag e.

"Roedd 'na flaidd yma, Dad," dywedais.
"Gofalodd amdana i."

"Does dim bleiddiaid o gwmpas fan hyn, Nic,"
meddai Dad. "Rhaid dy fod ti'n breuddwydio."

"Efallai mai ysbryd y blaidd oedd e," meddai'r
meddyg. "Mae pobl yn yr ardal yma yn dweud
bod ysbryd y blaidd yn helpu pobl sy mewn
trafferth."

"Mi roedd blaidd yma, go iawn," dywedais wrth Dad. "Gorweddodd gyda fi i nghadw i'n gynnes. Doedd fy nghoes ddim yn brifo wedyn."

"Roeddet ti'n breuddwydio," meddai Dad. "Rhaid mai ..."

Stopiodd yn sydyn.

Daeth sŵn udo hir, unig. Aeth ymlaen ac ymlaen.

Ac yna...

...stopiodd.

Dringo wal fawr

Mae wynebau rhai creigiau yn enfawr.

Mae angen mwy na diwrnod i'w dringo.

Dringo wal fawr ydy'r enw ar hyn.

Mae dringwyr wal fawr yn defnyddio eu cyrff i ddringo.

Maen nhw hefyd yn defnyddio llawer o bethau i'w helpu.

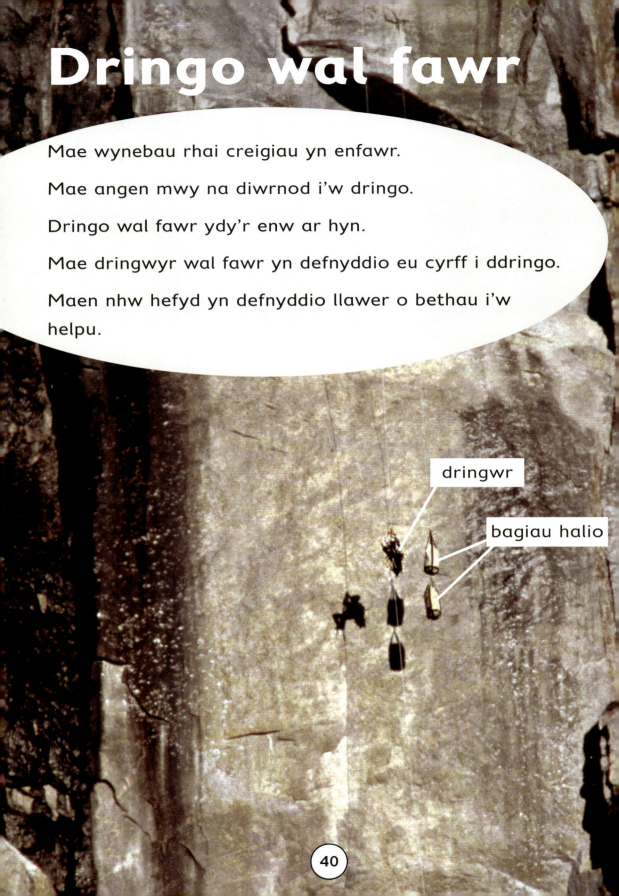

dringwr

bagiau halio

Mae dringwyr wal fawr yn cysgu ac yn bwyta tra maen nhw ar y daith.

Mae angen **offer** gwersylla, bwyd a dŵr arnyn nhw.

Maen nhw'n tynnu'r pethau hyn i fyny mewn bagiau halio.

Mae'r dringwyr yn gwersylla ar silff fflat.

Weithiau maen nhw'n gwersylla ar silff sy'n symud, sy'n cael ei alw'n silff symudol. Mae'r silff yma'n debyg i hamog sydd yn sownd wrth y wal.

Mae'r dringwyr hyn wedi treulio'r noson yn eu silffoedd symudol.

Dringo solo rhydd

Dringo solo rhydd ydy'r math mwyaf peryglus o ddringo.

Mae dringwyr solo rhydd yn defnyddio eu cyrff yn unig i ddringo. Dydyn nhw ddim yn defnyddio pethau i'w helpu.

Dydyn nhw ddim yn defnyddio rhaffau na dim byd arall i'w cadw'n ddiogel.

Yr unig beth maen nhw'n ddefnyddio ydy sialc.
Mae hwn yn eu helpu i afael yn y graig.

Does gan y dringwr solo rhydd yma ddim byd i'w gadw'n ddiogel.

Os bydd yn cwympo bydd yn glanio ar y creigiau.

Mae dringo solo dŵr dwfn yn
fwy diogel. Os bydd y dringwr
yn cwympo bydd yn glanio yn y
môr.

43

Cwis

1   Enwa ddau fath o follt.

2   Pam mae esgidiau dringo yn dy helpu i afael yn y graig?

3   Pam mae dringwyr yn defnyddio sialc?

4   Beth ydy rhwbio?

5   Pa mor hir ydy dringen?

6   Beth mae gwyliwr yn ei wneud?

7   Beth ydy abseilio?

8   Beth ydy dringo wal fawr?

9   Beth ydy pwrpas bag halio?

10 Pam mae dringo solo rhydd mor beryglus?

Geirfa

belai	Dyfais i ddal rhaff y dringwr er mwyn ei stopio rhag cwympo.
cloi	Atal y rhaff rhag rhedeg drwy'r ddyfais felai.
cloi dwylo	Rhoi'r dwylo mewn craciau cul.
llethr sgri	Llethr gyda llawer o gerrig mân rhydd arno.
mannau gafael	Lleoedd y gall y dwylo a'r traed afael ynddyn nhw.
mat glanio	Mat cwiltiog i gwympo arno.
offer	Y pethau mae dringwyr yn eu defnyddio i'w cadw'n ddiogel.
rhwbio	Rhoi gwadnau gludiog dy esgidiau yn fflat yn erbyn y graig.
ymylu	Rhoi ymylon y traed yn fflat yn erbyn y graig.

Adnoddau a gwybodaeth

Llyfrau

Rock Climbing in Snowdonia, Paul Williams
Cyhoeddwr: Frances Lincoln (ISBN: 9780711224087 (0711224080))
Llyfr sy'n disgrifio llwybrau dringo ym mynyddoedd gogledd Cymru.

Rock and Wall Climbing – The essential guide to equipment and techniques, Garth Hattingh
Cyhoeddwr: New Holland (ISBN: 1-85974-459-1)
Gwybodaeth am git dringo a sut i ddechrau dringo.

Cylchgronau

Cylchgronau'r Urdd, fel **Cip**, **Bore Da** a **IAW**

Gwefannau

http://ww.urdd.org/
Gwybodaeth am weithgareddau yng ngwersylloedd yr Urdd, gan gynnwys dringo.

Fideo a DVD

To the Limit, Image Entertainment
(Rhif cat. B00022PZ1K)
Mae hwn yn dangos dringfeydd anhygoel.

Rock Climbing Skills – The Basics and Beyond, Black Diamond
Mae'r teitl yn dweud y cyfan!

Atebion

1   Bollt sydd yn y graig yn barod a bollt sy'n cael ei osod yno a'i dynnu allan eto.

2   Gwadnau gyda glud arnynt.

3   Er mwyn gafael yn y graig.

4   Defnyddio gwadnau'r traed i ddringo.

5   Mor hir â'r rhaff.

6   Helpu dringwr i gwympo ar y mat.

7   Llithro i lawr rhaff.

8   Dringfa sy'n cymryd mwy nag un diwrnod.

9   Codi pethau at y dringwyr wal fawr.

10 Dwyt ti ddim yn defnyddio rhaffau na bolltau.

Mynegai